LA CURA BÍBLICA
PARA LA
DEPRESIÓN
Y LA ANSIEDAD

VERDADES ANTIGUAS

REMEDIOS NATURALES Y LOS

 ÚLTIMOS HALLAZGOS

PARA SU SALUD

DON COLBERT, DR. EN MED.

La cura bíblica para la depresión y la ansiedad
por Don Colbert, Dr. en Med.
Publicado por Casa Creación
Una compañía de Strang Communications
600 Rinehart road
Lake Mary, Florida 32746
www.casacreacion.com

A menos que se indique lo contrario, todos los textos
bíblicos han sido tomados de la Versión Reina-Valera de
1960.

ISBN: 978-0-88419-805-5

8 9 10 * 12 11 10

Impreso en los Estados Unidos de Norteamérica

Gozo en lugar de tristeza

El secreto se sabe: aun los cristianos se deprimen. Desafortunadamente los cristianos a menudo sienten que deben esconder su dolor, y pretender que nada anda mal. Esta acción en sí misma puede empeorar la condición y hacer más difícil que se la supere. Si usted está batallando con la depresión, o si alguien en su familia física o espiritual sufre de depresión, con confianza puedo decirle que hay esperanza para usted.

Usted o un ser querido puede deprimirse o sufrir de ansiedad en cualquier momento, pero al tomar este librito dio un primer paso importante hacia la sanidad completa. Como cristiano interesado y médico, escribí este libro para ayudarle específicamente a usted y a sus seres queridos a apropiarse de lo que Jesús llama «gozo inefable» (esto debe ser lo opuesto de la depresión, «tristeza inefable»).

El apóstol Pedro dijo que esta clase de gozo brota de nuestro amor a Jesucristo: «a quien amáis sin haberle visto, en quien creyendo, aunque ahora no lo veáis, os alegráis con gozo inefable y glorioso» (1 P 1.8).

Este librito de cura bíblica le ayudará a pasar de la depresión a la felicidad y del afán a la paz mental. Bienvenido a otro librito lleno de esperanza, de la serie de cura bíblica preparado por la Siloam Press, para ayudarle a saber cómo mantener el templo de su cuerpo en condición y saludable. En esta serie de libritos usted

descubrirá el plan divino de Dios para la salud del cuerpo, alma y espíritu mediante la medicina moderna, buena nutrición y el poder medicinal de la Biblia y la oración.

Este librito está repleto de poderosas promesas bíblicas de Dios que le ayudarán a enfocar el poder sanador de Dios. Los principios probados, verdades y pautas de estos pasajes anclan las nociones prácticas y médicas que este librito también contiene. Con eficacia enfocarán sus oraciones, pensamientos y acciones a fin de que usted pueda entrar en el plan divino de Dios para su sa-

lud; plan que incluye victoria sobre la depresión y
la ansiedad.

En este librito de cura bíblica usted descubrirá
capítulos sobre:

Es mi oración que estas sugerencias prácticas y
espirituales para la salud, nutrición y condicionamiento físico le den salud a su vida, aumenten su
comprensión espiritual y fortalezcan su capacidad para adorar y servir a Dios.

DON COLBERT, DR. EN MED.

UNA ORACIÓN DE CURA BÍBLICA PARA USTED

Padre celestial: Te pido en el nombre de Cristo que abras mi corazón y mente a la verdad y absoluto poder de tu palabra, la Biblia. Dame esperanza sobrenatural y total seguridad de que si acudo a ti con mis cargas, tú puedes ayudarme, y me ayudarás, a vencer totalmente la depresión o prevenirla por completo. Dame el valor y la capacidad para aplicar a mi propia vida todo lo que aprendo, a fin de poder vivir en completa victoria sobre el miedo, la ansiedad y la preocupación. Gracias, Padre. Te doy toda la gloria y alabanza por mi sanidad y victoria, en el nombre de mi Sanador, Jesucristo. Amén.

Capítulo 1

Gozo en lugar de tristeza

Permítame ir directamente al grano. Si usted se siente deprimido en este momento, *no tiene por qué seguir deprimido*. Anímese porque *La cura bíblica para la depresión y la ansiedad* le dará pasos naturales y espirituales para ayudarle a vencer la depresión, la tristeza, ansiedad y afán. Usted puede empezar en este mismo instante a salir del «abismo del dolor» a la llanura de la estabilidad, sanidad completa y paz mental.

Es normal que la gente se sienta «alicaída» o melancólico cuando atraviesan alguna experiencia triste, tal como la muerte de un ser querido o amigo, pérdida de trabajo, divorcio, separación, o alguna otra pérdida significativa. Sin embargo, cualquiera que sufre de continua depresión sin ninguna causa reconocible debe saber que eso puede ser una señal de advertencia de una depresión seria; dolencia que aflige a millones de per-

1

sonas en todo el mundo. Este librito de cura bíblica le ayudará a reemplazar la depresión e incluso la tristeza con el gozo de Dios.

Las buenas noticias son que usted puede vencer la depresión. Dios le ha provisto de recursos tanto en el campo natural como espiritual para derrotar la depresión y la ansiedad. Al dar lo pasos delineados en este librito, la esperanza debe empezar a reemplazar a la depresión y la paz interna vencerá a la ansiedad. (Nota: Si su depresión persiste o se intensifica, consulte con un médico, pastor o asesor cristiano antes de dar ningún paso. A veces incluso el más fuerte de nosotros necesita una mano que le ayude a trepar sobre un obstáculo.)

> *Por nada estéis afanosos, sino sean conocidas vuestras peticiones delante de Dios en toda oración y ruego, con acción de gracias. Y la paz de Dios, que sobrepasa todo entendimiento, guardará vuestros corazones y vuestros pensamientos en Cristo Jesús.*
> FILIPENSES 4.6-7

La depresión es un problema global. Una en cada seis personas en el mundo entero sufrirá de una depresión seria en algún punto de su vida. Se ha calculado que para el año 2020 la depresión será la mayor incapacidad mundial.1

¿Está usted deprimido?

Un auto examen

Si usted marca «sí» en más de dos de las preguntas que siguen, bien puede estar deprimido. Consulte a su médico, asesor pastoral o un profesional de la salud mental, y de los pasos positivos que le recomienden junto con los recursos útiles que escoja de este libro.

1. La mayoría del tiempo usted se siente . . .

¿triste?	☐ Sí	☐ No
¿aletargado?	☐ Sí	☐ No
¿pesimista?	☐ Sí	☐ No
¿sin esperanza?	☐ Sí	☐ No
¿que no vale nada?	☐ Sí	☐ No
¿desvalido?	☐ Sí	☐ No

2. Con frecuencia usted . . .

☐ ¿tiene dificultad para tomar decisiones?
☐ ¿tiene problemas para concentrarse?
☐ ¿tiene problemas con la memoria?

3. Últimamente usted . . .

☐ ¿ha perdido interés en cosas que solían darle placer?

☐ ¿ha tenido problemas en el trabajo o en los estudios?

☐ ¿se ha aislado de otros? ¿o ha querido hacerlo?

☐ ¿se ha sentido sin energía?

☐ ¿se ha sentido intranquilo e irritable?

☐ ¿ha tenido problemas para conciliar el sueño, seguir durmiendo o para levantarse por la mañana?

☐ ¿ha perdido su apetito o ganado peso?

☐ ¿ha sufrido de persistentes dolores de cabeza, dolores de estómago, dolores de espalda, o dolores musculares o en las articulaciones?

☐ ¿ha estado bebiendo más alcohol de lo normal?

☐ ¿ha estado tomando más remedios que alteran el talante que los que solía tomar?

☐ ¿se ha dado a participar en comportamientos arriesgados tales como no abrocharse el cinturón de seguridad o cruzar las calles sin mirar?

☐ ¿ha estado pensando en la muerte y en su funeral?

☐ ¿se ha estado haciendo daño a sí mismo? [2]

Hoy en los EE. UU. y en muchas otras partes del mundo experimentamos una epidemia de tensión. Demasiada tensión lleva a malestar, y a la larga eso conduce a la depresión. El estrés excesivo reduce la hormona adrenal DHEA, hormona que nos protege de los efectos del estrés.

¿Está usted agotado por el estrés?

Su escala de estrés

Observe los cambios en la vida que produce estrés en la tabla que sigue, y vea cuán agotado está realmente por la tensión. Sume sus cifras de eventos de estrés que ha atravesado en los últimos doce meses.

Valores de eventos de estrés.

1.	Muerte de cónyuge	100
2.	Divorcio	60
3.	Menopausia	60
4.	Separación conyugal	60
5.	Cárcel o libertad condicional	60
6.	Muerte de un pariente cercano, diferente del cónyuge	60
7.	Herida o enfermedad personal seria	45
8.	Matrimonio o establecer una sociedad vitalicia	45
9.	Despido del trabajo	45
10.	Reconciliación o relación matrimonial	40
11.	Jubilación	40

12.	Cambio en la salud de un pariente inmediato	40
13.	Trabajar más de cuarenta horas a la semana	35
14.	Embarazo o dejar encinta a la mujer	35
15.	Dificultades sexuales	35
16.	Llegada de un nuevo miembro de la familia	35
17.	Cambio en los negocios o en el papel en el trabajo	35
18.	Cambio en situación financiera	35
19.	Muerte de un amigo íntimo (no pariente)	30
20.	Cambio en la cantidad de peleas con el cónyuge	30
21.	Hipoteca o préstamo con propósitos de finanzas	25
22.	Ejecución de hipoteca o préstamo	25
23.	Dormir menos de ocho horas cada noche	25
24.	Cambios en las responsabilidades en el trabajo	25
25.	Problemas con los parientes políticos o hijos	25
26.	Desempeño personal sobresaliente	25
27.	Cónyuge empieza o deja de trabajar	20
28.	Principio o fin de los estudios	20
29.	Cambio en condiciones de vida (visitantes en la casa, cambio de compañeros de vivienda, remodelación de la casa)	20
30.	Cambio en hábitos personales (dieta, ejercicio, fumar)	20
31.	Alergias crónicas	20
32.	Problemas con el jefe	20

33.	Cambio en las horas o condiciones de trabajo	15
34.	Mudarse a una nueva residencia	15
35.	Al presente sufriendo el período pre-menstrual	15
36.	Cambio de escuelas	15
37.	Cambio en actividades religiosas	15
38.	Cambio en actividades sociales (más o menos que antes)	15
39.	Préstamo financiero menor	10
40.	Cambio en frecuencia de reuniones familiares	10
41.	Vacaciones	10
42.	Al presente en temporada festiva de invierno	10
43.	Violación menor de la ley	5

CALIFICACIÓN TOTAL: _____

Un vistazo a los últimos doce meses de cambios en su vida tal vez le sorprenda. Los cambios importantes en su vida tienen efectos que duran por largos períodos de tiempo. Una crisis en la vida es como arrojar una piedra en un estanque. Después de la salpicadura inicial, usted experimentará oleadas adicionales de estrés, y estas oleadas pueden durar por lo menos un año.

Si su calificación total de estrés en los últimos doce meses es de 250 ó más, tal vez se esté sintiendo demasiado tenso, aun cuando sea normalmente resistente al estrés. Las personas con baja tolerancia al estrés tal vez sufran de demasiada tensión a niveles que empiezan en 150.

La demasiada tensión puede enfermarlo. Llevar demasiada carga de estrés es como conducir su vehículo con el acelerador al piso sin aflojar, o como dejar la tostadora atascada en posición encendida. Tarde o temprano algo se romperá, se quemará o de derretirá; ¡y ese algo puede ser usted! Lo que se rompa dependerá en donde está el eslabón más débil, o la debilidad, en su cuerpo físico. Esto se debe mayormente a características hereditarias.[3]

El estrés causa un aumento de los niveles de cortisol. Demasiado cortisol puede conducir a la depresión, insomnio y ansiedad. Una de las principales razones por la que vemos tal epidemia de depresión en los EE. UU. es que muchos estadounidenses están agotados por la tensión. Esto lleva a niveles elevados de cortisol y niveles reducidos de la hormona protectora DHEA, situación que a la larga puede producir una depresión seria.

> *La paz os dejo, mi paz os doy; yo no os la doy como el mundo la da. No se turbe vuestro corazón, ni tenga miedo.*
>
> JUAN 14.27

Cómo reducir el estrés

Usted puede dar los siguientes pasos inmediatamente para reducir su estrés:

Fije su atención en Cristo y no en sus problemas

Atascarse en sus problemas produce conflicto interno e impide que el poder de Cristo, el Príncipe de paz, le consuele y le calme. Siga esta receta de cura bíblica:

> Por tanto, nosotros también, teniendo en derredor nuestro tan grande nube de testigos, despojémonos de todo peso y del pecado que nos asedia, y corramos con paciencia la carrera que tenemos por delante, puestos los ojos en Jesús, el autor y consumador de la fe, el cual por el gozo puesto delante de él sufrió la cruz, menospreciando el oprobio, y se sentó a la diestra del trono de Dios.
>
> HEBREOS 12.1-2

Cuando usted está en tensión tiende a olvidarse de todo lo que Dios ha hecho y está haciendo en su vida. Sus bendiciones superan en gran medida cualquier crisis temporal. Al orar por sus necesidades agradezca también a Dios por su cuidado providencial: «Por tanto os digo: No os afanéis por vuestra vida, qué habéis de comer o qué habéis de beber; ni por vuestro cuerpo, qué habéis de vestir. ¿No es la vida más que el alimento, y el cuerpo más que el vestido? Mirad las aves del cielo, que no siembran, ni siegan, ni recogen en graneros; y vuestro Padre celestial las alimenta. ¿No valéis vosotros mucho más que ellas?» (Mt 6.25-26).

Elimine los pensamientos negativos meditando en pensamientos alentadores.

La Biblia revela que usted llega a ser lo que piensa (véase Proverbios 23.7). En lugar de atascarse en lo que le pone tenso, limpie sus pensamientos negativos con el borrador de cosas llenas de gozo según se describen en la Biblia: «Regocijaos en el Señor siempre. Otra vez digo: ¡Regocijaos! . . . Por nada estéis afanosos, sino sean conocidas vuestras peticiones delante de Dios en toda oración y ruego, con acción de gracias. Y la paz de Dios, que sobrepasa todo entendimiento, guardará vuestros corazones y vuestros pensamientos en Cristo Jesús. Por lo demás, hermanos, todo lo que es verdadero, todo lo honesto, todo lo justo, todo lo puro, todo lo amable, todo lo que es

de buen nombre; si hay virtud alguna, si algo dig-
no de alabanza, en esto pensad» (Flp 4.4, 6-8).

Tres tipos de depresión

La depresión es algo
muy mal entendido, tal
vez porque puede
afectar las tres partes
de nuestro ser: espíri-
tu, alma y cuerpo.
Cualquier tratamiento
verdaderamente efec-

> *Mi Dios, pues,*
> *suplirá todo lo que os*
> *falta conforme a sus*
> *riquezas en gloria en*
> *Cristo Jesús.*
> FILIPENSES 4.19

tivo para la depresión debe considerar todos los
tres aspectos. La mayoría de las veces la depresión
empieza en nuestro campo emocional y mental.
Después empieza a afectar nuestros cuerpos físicos, y finalmente empieza a afectar al hombre espiritual. A veces el problema en realidad empieza
en el cuerpo debido a un desequilibrio químico o
alguna otra causa natural, de la que trataremos
más adelante. En cualquier caso, Dios tiene res-
puestas muy reales para el problema.

Hay tres formas diferentes de depresión.

Reacción depresiva—Esta por lo general ocurre como resultado de un evento o situación trau-
máticos en la vida. En este caso los individuos ex-

perimentan sentimientos normales de depresión. Estas personas por lo general no necesitan tratamiento médico y pueden sentirse tristes por algo así como de dos semanas a seis meses. Sin embargo, de todas maneras se sentirán mejor física y emocionalmente al tomar la vitaminas y suplementos que se mencionan más adelante en este libro. Aun cuando toda tristeza de una persona es muy importante, esta clase de depresión por lo general es temporal.

Distimia—Esta se caracteriza por un sentimiento persistente de tristeza. Este desorden tiene síntoma similares a la depresión, pero los síntomas son menos intensos y duran por lo menos dos años. Con esta forma de depresión la persona se siente deprimida la mayor parte del día, y tiene uno o más de los siguientes síntomas:

> *El que habita al abrigo del Altísimo morará bajo la sombra del Omnipotente. Diré yo a Jehová: Esperanza mía, y castillo mío; mi Dios, en quien confiaré.*
> SALMO 91.1-2

- Apetito pobre o comer demasiado

- Insomnio o dormir demasiado

- Baja energía o fatiga

- Baja estimación propia

- Concentración pobre o dificultad para tomar decisiones

- Sentimientos de desesperanza

Enfermedad depresiva seria—La depresión seria es una enfermedad que puede llevar a una incapacidad para funcionar normalmente en la sociedad, y a la larga puede llevar al suicidio. La depresión seria incluye por lo menos cuatro de los siguientes síntomas:

> *Por lo demás, hermanos, todo lo que es verdadero, todo lo honesto, todo lo justo, todo lo puro, todo lo amable, todo lo que es de buen nombre; si hay virtud alguna, si algo digno de alabanza, en esto pensad.*
> FILIPENSES 4.8

Síntomas de depresión seria

- Sentimientos de culpa, sentirse desvalido, en desesperanza, o que no vale nada
- Tristeza persistente y actitud pesimista
- Dificultad para concentrarse
- Perder interés o placer en actividades normales que darían placer, incluyendo las relaciones sexuales
- Insomnio, despertarse temprano en la madrugada o dormir demasiado
- Fatiga y pérdida de energía
- Perder o ganar peso
- Movimientos lentos y habla lenta
- Pensamientos suicidas
- Agitación e irritabilidad

REALIDADES REALIDADES REALIDADES REALIDADES REALIDADES REALIDADES REALIDADES

La depresión a menudo empieza a principios de a edad adulta mediana; es muy común entre los ancianos. Los médicos de atención primaria al paciente se equivocan en cuanto al diagnóstico de casi la mitad de los casos de depresión entre los ancianos.

La depresión entre los niños y adolescentes

también ha aumentado dramáticamente en los últimos cincuenta años. Los niños están llegando a deprimirse

> *Mucha paz tienen los que aman tu ley, Y no hay para ellos tropiezo.*
> SALMO 119.165

a una edad más tierna. En la adolescencia casi el doble de muchachos y muchachas reciben este diagnóstico. Más de la mitad de los adolescentes diagnosticados con depresión sufren una recaída en los siguientes siete años.[4]

La depresión también puede ocurrir debido a factores físicos antes que psicológicos. Cualquiera que sufre de depresión debe someterse a exámenes para descartar cualquier factor orgánico. Estos incluyen:

- Reacción a medicamentos
- Anemia
- Alcohol
- Diabetes
- Cáncer

- Artritis reumatoide
- Baja función adrenal

- Baja función de la tiroides
- Deficiencias nutritivas
- Uso de drogas ilegales
- Dolor crónico
- Enfermedades cardíacas

- Trastornos en el sueño

A los pacientes ancianos con frecuencia se les pasa por alto en cuanto a estar deprimidos. Con frecuencia se les dice que su pérdida de la memoria o tristeza es parte normal del envejecimiento, que son sencillamente principios de demencia senil, que puede resultar en enfermedad de Alzheimer. La enfermedad de Alzheimer se caracteriza por la pérdida de la función del cerebro, incluyendo dificultades con la memoria, raciocinio, habla y socialización.

Atacando muy rara vez antes de los 50 años, el progreso de esta enfermedad puede llevar desde varios meses hasta cinco años antes de que haya pérdida completa de la función cognoscitiva.

> *Tú guardarás en completa paz a aquel cuyo pensamiento en ti persevera; porque en ti ha confiado.*
> ISAÍAS 26.3

La depresión en los ancianos es reversible. Sin embargo, la demencia senil no lo es. Es de vital importancia hacer el diagnóstico correcto para dar atención apropiada a tales individuos.

Teorías sobre la depresión

¿Por qué se deprime la gente? Existen muchas teorías sobre la depresión, tales como las siguientes:

- La depresión es ira internalizada
- La depresión es causada por una pérdida, tal como la pérdida de un ser querido, o la pérdida del trabajo.
- La *Teoría de la desvalidez aprendida* dice que la depresión es causada por sentimientos de desesperanza y pesimismo.[5]
- La *Hipótesis monoamina* dice que el desequilibrio químico causa la depresión, tal como el desequilibrio en los químicos monoaminos, que incluyen la serotonina, epinefrina y noroepinefrina. Estas substancias químicas ayudan a las neuronas del sistema nervioso a transmitir apropiadamente sus impulsos eléctricos. Cuando ocurre un desequilibrio en estos químicos, la salud mental queda afectada en forma adversa.[6]

Creo que hay algo de verdad en todas estas diferentes teorías de la depresión. No obstante, también creo que necesitamos una solución que combine estas teorías a fin de identificar y eliminar los factores psicológicos tanto como corregir los desequilibrios de los neurotransmisores del cerebro. (Un neurotransmisor es una substancia que transmite los impulsos nerviosos a través de una sinapsis, el espacio entre la unión de dos células nerviosas, algo así como un cable telefónico transmite señales entre dos teléfonos. Los neurotransmisores incluyen la serotonina, dopamina, AGAB (ácido gama-aminobutírico), norepinefrine y epinefrina.

Antidepresivos

A los antidepresivos tales como Prozac, Zoloft, Paxil y otros antidepresivos sintéticos se les llama inhibidores de readmisión selectiva de serotonina (IRSS). Estas drogas permiten que el nivel de serotonina en el cerebro permanezca alto. La serotonina es muy útil para vencer la depresión, como veremos más adelante.

Todos los tipos de depresión tienen una hebra común: la falta del gozo divino en nuestras vidas. Dios

> *No se turbe vuestro corazón; creéis en Dios, creed también en mí.*
> Juan 14.1

promete hacer que nuestro gozo sea completo. «Estas cosas os he hablado, para que mi gozo esté en vosotros, y vuestro gozo sea cumplido» (Jn. 15.11). Un antidepresivo certero para su vida es la palabra de Dios. Confíe en su promesa y busque su gozo sobreabundante mediante lo siguiente:

- Leer los pasajes de cura bíblica que se incluyen en todo este libro
- Pedir ser lleno del gozo de Dios
- Hablarles a otros sobre la promesa divina de gozo.

No se desanime. Usted ya está dando pasos gigantescos para ser lleno de el gozo divino y libre del espíritu de depresión y tristeza.

UNA CURA BÍBLICA RECETA

Cómo reducir su estrés

Mencione los tres primeros estresantes que halló en su prueba de estrés.

1. _____
2. _____
3. _____

Mencione cualquier factor del que usted se de cuenta que pueda contribuir a la depresión.

1. _____
2. _____
3. _____

Mencione tres maneras en que puede reducir el estrés en estos aspectos de su vida.

1. _____
2. _____
3. _____

Capítulo 2

Paz en lugar de ansiedad

La depresión y ansiedad a menudo son compañeras. Cualquier persona que está deprimida puede también tener síntomas asociados con la ansiedad.

- Alrededor del 80 por ciento de individuos deprimidos sufre de síntomas de ansiedad psicológica: aprehensión irrealista, temores, afán, agitación, irritabilidad o ataques de pánico.
- Un 60 por ciento de personas con depresión sufren de síntomas físicos relativos a la ansiedad: dolores de cabeza, síndrome de intestino irritable, fatiga crónica y dolor crónico.
- Aproximadamente el 65 por ciento de los que sufren de depresión sufren disturbios en

cuanto a dormir. Alrededor del 20 por ciento se sienten agitados.
- Alrededor del 25 por ciento sufren fobias.
- Aproximadamente el 17 por ciento informan síntomas de ansiedad generalizada
- Alrededor del 10 por ciento sufre de ataques de pánico.[1]

El temor y la ansiedad atacan y estorban tanto nuestro funcionamiento físico como emocional. También nos ponen en esclavitudes espirituales que estorban nuestra relación con Dios. La ansiedad y el temor son primos. Sin embargo, a diferencia del temor, la ansiedad no tiene causa que la precipita. El temor por lo general se enfoca en algo, como un evento aterrador que debemos enfrentar.

La ansiedad puede manifestarse en muchas formas, tales como nerviosismo, tensión excesiva o una sensación de temor injustificado. A menudo resulta en insomnio, intranquilidad e incapacidad para concentrarse.

> *Pero los que esperan a Jehová tendrán nuevas fuerzas; levantarán alas como las águilas; correrán, y no se cansarán; caminarán, y no se fatigarán.*
> ISAÍAS 40.31

Un problema común en personas que sufren de ataques de ansiedad y pánico es un nivel elevado de suero lactato. El *lactato* es sencillamente ácido láctico que se forma cuando el azúcar en la sangre se desdobla anaeoróbicamente. *Anaeróbica* quiere decir «sin oxígeno».

Por lo tanto, cuando uno está haciendo ejercicio a capacidad máxima, el azúcar en la sangre se desdobla en ácido láctico, lo que causa el dolor muscular y la fatiga.

El Dr. Melvin Webach escribió un libro titulado *Nutritional Influences on Mental Illness* [Influencias nutricionales en la enfermedad mental], en el cual describe los factores nutricionales que fueron responsables por niveles elevados de lactatos.[2]

La glucosa por lo general se desdobla en ácido pirúvico, que en la presencia de oxígeno se convierte en energía. Cuando el ácido pirúvico se desdobla anaeróbicamente, entonces se produce el ácido láctico. Con los ataques de ansiedad y de pánico van asociados niveles elevados de ácido láctico.

Hay diferentes elementos dietéticos y nutritivos asociados con altos niveles de ácido láctico. Estos incluyen el consumo de azúcares, tales como la sacarosa, jarabe de maíz y endulzadores de maíz;

el consumo de cafeína, lo que incluye el café, algunas bebidas gaseosas y el té, y el consumo de alcohol. El alcohol eleva los niveles de ácido láctico, al igual que las alergias a los alimentos. La más común de las alergias a alimentos incluyen la alergia a los huevos, a la leche y al trigo. Una deficiencia de vitaminas B, calcio y magnesio también lleva a niveles altos de ácido láctico. Por consiguiente, usted debe evitar el azúcar, la cafeína y el alcohol.

Si usted sufre de alergias a alimentos, le recomiendo que reduzca o elimine de su dieta todos los almidones procesados, tales como el pan blanco, harina de trigo, arroz blanco, fideos, alimentos empaquetados y papitas fritas. Aumente su consumo de frutas, legumbres y hortalizas, y ácidos grasos esenciales tales como el aceite de linaza, aceite de pasas de Corinto, y aceite de pescado. Beba por lo menos de dos a tres litros de agua filtrada o destilada al día.

Importancia del ejercicio

Una de las mejores maneras de aliviar la ansiedad es hacer ejercicio areóbico por lo menos tres o cuatro veces a la semana, lo que incluye caminar a paso vivo, montar en bicicleta o nadar. Este ejercicio debe durar por lo menos de veinte a treinta minutos, y debe hacerse a un ritmo cardíaco de entre el 65 al 80 por ciento del ritmo máximo de latidos del corazón. (Vea la tabla de ritmo cardíaco en el capítulo cinco de este libro.)

Si se siente extremadamente ansioso debe reducir cualquier actividad que produzca estrés adicional. Por ejemplo, si una actividad al aire libre tal como una función en un club o un debe que usted tiene que desempeñar le lleva a demasiado estrés, debe dejarlo. Ejercicios de relajación, tales como ejercicios de relajamiento progresivo y ejercicios de respiración profunda son maneras de relajarse. Evite ofrecerse como voluntario para trabajo adicional, y elimine toda actividad innecesaria que produce tensión.

Medite en la palabra de Dios

Medite diariamente en la palabra de Dios, y lea en voz alta las porciones bíblicas que se opone al temor y al afán. Debe orar con tanta frecuencia como pueda. También puede comprar en alguna librería una cinta grabada de relajamiento,

A todos mis pacientes que sufren de ansiedad les recomiendo que repitan citas bíblicas en voz alta tres veces al día antes de las comidas, que mediten en ellas durante todo el día y que repitan de nuevo los pasajes bíblicas antes de irse a la cama.

Ore a menudo, cite porciones bíblicas en sus oraciones, y piense en las promesas de Dios. En toda esa sección del libro hay maravillosas recetas de cura bíblica para vencer la ansiedad. Escríbalas y memorícelas. Póngalas en lugares en donde las pueda ver, pegue etiquetas adhesivas en su computadora y sujételas con imanes en su refrigerador.

Beneficios de Kava

Kava, hierba que procede de las islas del Pacífico, es un agente muy eficaz contra la ansiedad, así como sedativo. La dosis recomendada de kava para aliviar la ansiedad es de 45 a 90 miligramos, tres veces al día. Tome 135 miligramos al irse a la cama para combatir el insomnio. La dosis de kava se basa en el nivel de kavalactones.

La kava no causa ninguna reducción en la función mental, en tanto que agentes contra la ansiedad tales como Xanax, Valium y Ativán pueden obstaculizar las funciones mentales. Los que sufren de enfermedad de Parkinson no deben tomar kava puesto que empeorará sus síntomas. También, cantidades excesivas de kava pueden conducir a amodorramiento y salpullido escamoso. No se debe tomar kava con ninguna otra droga contra la ansiedad, tales como Xanax o Ativán.

Vitaminas y suplementos

Los que sufren de ansiedad también deben tomar un suplemento comprehensivo vitamínico y mineral, tal como las Multivitaminas de salud divina y de 50 a 100 miligramos de HTP-5 (que quiere decir hidroxitritofán-5), tres veces al día. Esto también es eficaz para aliviar la ansiedad. No se debe tomar HTP-5 si se está tomando algún otro antidepresivo.

Cómo derrotar los desórdenes de ansiedad

Los desórdenes de ansiedad afectan a las mujeres el doble de a los hombres. Un ataque de pánico es una forma severa de ansiedad en el cual el corazón se desboca. Muchas veces la persona sufre de hiperventilación. También le sudan las palmas y sufre extrema aprehensión sin ninguna razón aparente. Esto es sencillamente un borbotón de adrenalina, que es una reacción de luchar o huir que sencillamente ocurre en el tiempo indebido.

Una de las mejores maneras de prevenir un ataque de pánico es respirar profundamente. Inhale lentamente por la nariz y cuente hasta cuatro. Sostenga la respiración por aproximadamente cuatro segundos; luego exhale lentamente por la boca otro período de cuatro segundos. Continúe haciéndolo hasta que pase el ataque de pánico.

Las vitaminas de complejo B son muy buenas para los estados de ansiedad. Ciertas hierbas también son útiles para reducir la ansiedad. Estas incluyen la valeriana, camomile, casquete, lúpulo y pasionaria. Sin embargo, estas hierbas pueden causar amodorramiento. La dosis normal es de dos a cuatro cápsulas cuando se las necesite. El té de pasionaria y de camomile también es útil para aliviar la ansiedad.

Drogas que se usan por lo común para tratar la ansiedad incluyen Xanax, Ativán, Klonopín, Valium y otros benzodiazepenes. Estas drogas son muy adictivas, y cada año se recetan por lo menos ocho millones de ellas. Estos tranquilizantes menores adormecen la mente humana, pero cuando la medicina se acaba, la persona en realidad se pone más ansiosa.

Para los desórdenes de pánico recomiendo vitaminas de complejo B, suplementos de glándula suprarrenal y respaldo suprarrenal. La respuesta de luchar o huir que sucede con los ataques de pánico por lo común extenúan las glándulas suprarrenales. Estas importantes glándulas necesitan el respaldo tanto de vitaminas y suplementos glandulares.

La receta de la palabra de Dios

La palabra de Dios es un antídoto eficaz en la vida diaria para la depresión y la ansiedad. Dios ha creado maneras naturales tanto como una receta espiritual para batallar y derrotar a la depresión y ansiedad en su vida. En este capítulo usted ha descubierto muchos pasos positivos para vencer a la ansiedad. No se eche para atrás ni se desanime. Continúe avanzando con Dios como su vida en el gozo y paz divinas.

Memorizar y meditar en la Biblia puede ayudar tremendamente a reducir la ansiedad personal. En todo este libro hay versículos de cura bíblica. Le receto un versículo al día para que lo deposite en su espíritu y lo repi-

> *Cuando pases por las aguas, yo estaré contigo; y si por los ríos, no te anegarán. Cuando pases por el fuego, no te quemarás, ni la llama arderá en ti.*
> ISAÍAS 43.2

ta en voz alta cada vez que siente que la ansiedad
le está ganando.

UNA CURA BÍBLICA
RECETA

Cómo vencer la ansiedad

Mencione los tres pasos que usted va a dar cada día para vencer y derrotar la ansiedad y el afán.

1. _____
2. _____
3. _____

Repase lo que ha escrito. ¿Incluyó usted:?
- Evitar la cafeína, el alcohol y el azúcar
- Meditar en la palabra de Dios
- Tomar kava según sea necesario
- Tomar multivitaminas
- Tomar suplementos

Capítulo 3

Vida llena de alegría con nutrición y dieta apropiadas

Lo que usted come y hace puede contribuir a sentir depresión. Algunos de los más dañinos estilos de vida y decisiones en cuanto a alimentos incluyen el beber alcohol, fumar cigarrillos, comer demasiada azúcar, beber demasiada cafeína y comer una dieta rica en alimentos procesados, tales como pan blanco, harina flor, arroz blanco y fideos.

Usted puede tomar decisiones nutritivas apropiadas hoy mismo para reemplazar la depresión con gozo. Tal vez usted piense: *Me siento demasiado deprimido para tomar las decisiones apropiadas.* Si eso es lo que piensa, entonces reemplácelo inmediatamente con esto: «Todo lo puedo en Cristo que me fortalece» (Flp 4.13).

El delicado equilibrio de substancias químicas en su cerebro queda afectdo fuertemente cuando usted come demasiada proteína, tiene un nivel de azúcar en la sangre bajo o elevado (que es diabetes), bebe demasiada cafeína o tiene deficiencias nutritivas críticas. Todos estos factores reducen sus niveles de *serotonina*, substancia química cerebral importante fabricada por su cuerpo que ayuda a sus neuronas a transmitir apropiadamente sus señales. Por eso es vital un estilo de vida apropiado y decisiones dietéticas apropiadas si usted quiere prevenir la depresión.

Escoja una dieta saludable

Mantenga una dieta equilibrada. Una dieta balanceada incluye abundante fruta, legumbres y hortalizas, granos enteros, nueces, cereales y carnes magras. De estos pasos:

- Evite los alimentos de alto contenido de azúcar, tales como las sodas, postres, pasteles, tortas, galletas de dulce, caramelos y cereales de desayuno.
- Evite o reduzca dramáticamente los alimentos procesados tales como los bollos, pan blanco, rosquillas saladas, papitas fritas, fideos blancos y la harina flor de la cual están

hechos muchos de estos alimentos (incluso el arroz blanco es un alimento procesado).
* Evite el alcohol, fumar cigarrillos y la cafeína.

SAM-e, aminoácido antidepresivo del cuerpo

El más importante donante de metil en el cuerpo es el SAM-e (abreviatura para el amino ácido S-adenosil metionino). También es uno de los más seguros y más eficaces antidepresivos en el mundo; se lo ha usado en Europa por más de veinte años.

El SAM-e no solo trabaja como antidepresivo con pocos o ningún efecto colateral, sino que también puede mejorar la función cognoscitiva, proteger el hígado y las articulaciones. La dosis usual de SAM-e para tratar la depresión varía de 400 a 1600 miligramos al día, de modo que puede ser muy costosa. Afortunadamente, el SAM-e ahora está disponible en la sección de vitaminas del Wal-Mart y se puede usar al por menor también en los almacenes de alimentos saludables. Yo recomiendo una dosis de 200 miligramos dos veces al día, con el estómago vacío.

Ácidos grasos

Los ácidos grasos Omega-3, tales como el aceite de pescado o de linaza, también pueden ayudar a prevenir que la depresión se desarrolle. Los ácidos grasos Omega-3 crean membranas celulares fuertes. El cerebro tiene la mayor fuente de ácidos grasos en el cuerpo. Para que las células nerviosas funcionen apropiadamente el cerebro debe tener membranas celulares saludables, que funcionen bien. Esto influirá directamente en la síntesis de los neurotransmisores y afectará los niveles de serotonina y de otros neurotransmisores.

Personalmente tomo una cucharada de aceite de linaza dos veces al día. También muelo cinco cucharadas de linaza en un molino de café por lo menos una vez al día.

Así que, ¿cómo come usted linaza molida? La puede comer con cuchara, añadirla a los cereales del desayuno o ponerla en batidos de frutas. Otra manera fácil de incluir linaza en su dieta es molerla y añadirla a la harina molida de panecillos, panes y otros alimentos horneados. Puede reemplazar con linaza molida unas pocas cucharadas de harina en sus recetas sin que cambie notoriamente el sabor o textura de sus alimentos horneados.

Sin embargo, no use aceite de linaza para cocinar. Cocinar con aceite de linaza oxida el aceite y produce una grasa muy peligrosa. Yo guardo una botella de aceite de linaza refrigerada y tomo una cucharada dos veces al día. Desecho la botella después de un mes, puesto que se oxida muy fácilmente una vez que se la ha abierto.

Serotonina

Le prometí anteriormente hablar de cómo la serotonina puede ser eficaz para ayudarle a vencer la depresión. La serotonina es un tipo de neurotransmisor, o sea, substancias químicas de las células cerebrales que funcionan como mensajeros entre las terminaciones nerviosas.

Cuando los niveles de serotonina son bajos (lo que puede ocurrir cuando usted come demasiada azúcar o alimentos procesados, fuma o bebe alcohol o cafeína), entonces el cerebro no funcionará como es debido. Eso hará que su cuerpo no funcione de la mejor manera.

Los niveles de serotonina en el cerebros afecta nuestro talante, nuestro sueño, si sentimos dolor (tal como debido a la fibromialgia) o migrañas. La serotonina afecta incluso nuestro apetitod. Por consiguiente, el no tener suficiente serotonina puede llevar a la depresión, ansiedad, antojos por ciertos alimentos (especialmente azúcares y almidones), insomnio y posiblemente incluso dolores de fibromialgia y migrañas. También puede llevar al síndrome de fatiga crónica, síndrome pre-menstrual e incluso bulimia.

Usando técnicas de radiografías del cerebro por primera vez los investigadores han visto serotonina inadecuada en personas que sufren de depresión. Por más de un cuarto de siglo los investigadores han sospechado de ese eslabón entre la depresión y la actividad de la serotonina, pero no habían tenido evidencia visual directa sino hasta hace poco.

En un estudio publicado en el American Journal of Psychiatry [Revista estadounidense de psiquiatría], médicos del Instituto Psiquiátrico del Estado de Nueva York, de la Universidad Columbia y de la Universidad de Pittsburgh compararon a seis personas sanas con personas que sufrían de depresión seria y que no habían recibido medicinas por lo menos por dos semanas. Usando una droga que deja en libertad la serotonina los médicos observaron aumentos significativos, al igual que reducción, de la actividad metabólica en las regiones izquierda y derecha del cerebro de pacientes sanos, pero no en los pacientes con depresión.[1]

Para que el cuerpo produzca suficiente serotonina necesita triptofán, que es un aminoácido esencial. Los vegetarianos pueden no tener cantidades adecuadas de triptofán en su dieta, a menos que practique nutrición apropiada al combinar alimentos de proteína para formar proteínas completas.

Alimentos que luchan contra la depresión

Buenas fuentes de triptofán incluyen las siguientes:

- pavo
- huevos
- almendras

- pollo
- soya
- productos lácteos

REALIDADES REALIDADES REALIDADES REALIDADES REALIDADES REALIDADES REALIDADES

Las alergias a los alimentos y la depresión

También se ha encontrado relación entre las alergias a los alimentos y la depresión. En mi trabajo en la medicina he hallado que muchas personas son alérgicas o muy sensibles a los huebos, la leche, el trigo, maíz y soya, para mencionar apenas unos pocos de los más comunes alergénicos.

Cuando los pacientes son alérgicos al maíz por lo general también son alérgicos a la vitamina C, puesto que prácticamente toda la vitamina C se hace de maíz. Por consiguiente, no reciben el pleno beneficio de este poderoso antioxidante.

Si resulta que usted es alérgico al trigo, también puede ser alérgico a las vitaminas de complejo B, y tal vez no pueda utilizar eficazmente estas vitaminas importantes. Esta alergia o sensibilidad puede llevar a fatiga o depresión.

Si usted sufre de depresión y también tiene alergia a los alimentos, creo que es de vital importancia que se desensibilice a estos alimentos (o, en otras palabras, que pierda la sensibilidad a ellos) para poder vencer la depresión. Uno de los mejores métodos que he hallado es el N.A.E.T, que es una forma de desensibilización a la alergia usando acupuntura. He visto cientos de pacientes desensibilizados a las alergias de alimentos mediante el uso de este método.

Efectos de los antidepresivos

El antidepresivo recetado más comúnmente en el mercado es Prozac. El Prozac hace que el cerebro tenga niveles más elevados de serotonina al prevenir que las células del cerebro vuelva a readmitirla. El cerebro puede usar su serotonina por períodos más largos de tiempo, lo que lleva a un talante no depresivo.

El Prozac y otros SSRI, que incluyen Zoloft y Paxil, solo previenen la readmisión de serotonina y no hacen nada para aumentar la provisión de otros neurotransmisores como lo hace el HTP-5. También se sabe que estas drogas tienen efectos colaterales, que incluyen pérdida o reducción del líbido sexual, náusea y vómitos, fatiga, ansiedad, agitación, insomnio, diarrea, dolores de cabeza, sudores y temblores, salpullido y amodorramiento.

El Prozac y otros antidepresivos también pueden causar disfunción sexual, lo que incluye el no poder lograr o sostener la erección, en los hombres, o el no poder lograr el orgasmo, tanto en los hombres como en las mujeres. Si usted está tomando alguna de estas medicinas, no haga ningún cambio sin consultar primero con su médico.

Hemos explorado cómo la nutrición apropiada puede ayudarnos a pasar de la depresión a una vida llena de gozo. Al determinar comer apropiadamente, ore pidiendo le fuerza para seleccionar los alimentos apropiados.

UNA ORACIÓN DE CURA BÍBLICA
PARA USTED

Dios Todopoderoso: Dame el poder espiritual para asumir el control de mi apetito, de modo de que lo que como le ayude a mi cuerpo a superar la depresión. Quítame el deseo de los alimentos y pensamientos que alimentan la depresión. Lléname con tu Espíritu para que pueda discernir y decidir comer y pensar correctamente, para que tu Espíritu de gozo reemplace cualquier peso espiritual en mí. Amén.

UNA
CURA BÍBLICA
RECETA

Su dieta para superar la depresión

En este capítulo hemos descubierto que ciertos alimentos pueden ayudarnos a superar la depresión. Marque cual de los siguientes alimentos empezará usted a incluir regularmente en su dieta:

❑ pavo   ❑ pollo
❑ huevos   ❑ soya
❑ almendras   ❑ productos lácteos
❑ pescado y aceite de linaza

Escriba una oración pidiéndole a Dios que le ayude a usar la nutrición apropiada para luchar contra la depresión:

_____

_____

_____

_____

_____

_____

Capítulo 4

Vida llena de alegría con vitaminas y minerales

D ios ha creado maravillosas substancias naturales que pueden ayudarle a superar la depresión: vitaminas, minerales, aminoácidos y
hierbas. Estas substancias poderosas están listas y
disponibles en las farmacias y almacenes de alimentos de salud. Aun cuando no son sustituto
para la consulta con el médico o asesor profesional, le ayudarán a superar la depresión.

El mejor lugar para empezar a tratar la depresión es empezar a tomar una fórmula comprehen-
siva de vitaminas y minerales, como las Multivitaminas de salud divina. Un suplemente vitamínico
total le ayuda a reducir el riesgo de que se desarrolle la depresión. (Desafortunadamente, la mayoría de multivitamínicos y minierales de venta libre carecen de cantidades óptimas de ciertas
vitaminas y minerales. Los que las tienen por lo

general están en forma que es virtualmente indigerible, así que es sabio pagar un poco más por vitaminas de mejor calidad, tales como las Multivitaminas de salud divina.)

Los investigadores médicos y de nutrición a menudo hallan que grupos enteros de sujetos de prueba con una enfermedad o afección común también tienen la misma deficiencia obvia de vitaminas. Esto puede indicar que la vitamina que falta tiene propiedades que pueden evitar o disminuir los síntomas de esa enfermedad o afección en particular. Los investigadores han hallado que los pacientes deprimidos por lo común tienen deficiencia de B6, B12 y ácido fólico. Todas estas funcionan como «donantes de metil», que es absolutamente necesario para que los neurotransmisores humanos funciones eficientemente.

Yo recomiendo una dosis baja de HTP-5, 50 miligramos, tres veces al día con las comidas, a la larga subiendo hasta 100 miligramos tres veces al día con las comidas. Sin embargo, *no* tome HTP-5 con nigún otro antidepresivo. En adición a las mutivitaminas y HTP-5, también receto a mis pacientes buenos antioxidantes, que contienen cantidades significativas de lo siguiente:

• Vitamina E (800 U.I. al día)

- Vitamina C (1000 mg, dos o tres veces al día)
- Extracto de semillas de uvas (50 mg, una o dos veces al día)
- Extracto de cáscara de pino (50 mg, una o dos veces al día)
- Selenio (200 mcg al día)
- Betacarotene (25.000 U.I. al día)
- Vitamina A (5000 U.I. al día)
- Coenzima Q10 (50 mg una o dos veces al día)
- Ácido lipoico (50 mg una o dos veces al día)

Una combinación de esos antioxidantes ofrece mucha mejor protección de las reacciones de los radicales libres que cualquier antioxidante singular, puestoq ue los antioxidantes parecen reciclarse entre sí. Si sus niveles de antioxidantes son altos, tal vez le ayude mantener altos niveles de serotonina.

A menudo los niveles de Vitamina B6 también son bajos en individuos deprimidos, especialmente en las mujeres que están tomando píldoras para el control de la concepcion. La B6 es vital para la formación de serotonina. Para asegurarse de que usted tiene cantidades adecuadas de B6 así como de otras importantes vitaminas B, tome aproximadamente 800 microgramos de ácido fólico, 1000 microgramos de B12 y 100 miligramos de B6.

Acetil-L-carnitino

Otro nutriente que puede afectar la depresión es el acetil-L-carnitino, que es un aminoácido. El acetil-L-carnitino, tomado en una dosis de 1000 miligramos dos veces al día, puede mejorar el funcionamiento cognoscitivo y ayudar a aliviar la depresión. Este nutriente también ayuda al cuerpo a resistir el envejecimiento.

La *Hierba de San Juan* es una hierba que se ha usado en Alemania por muchos años para tratar la depresión. En Alemania es en realidad la selección preferida para la terapia en el tratamiento de la depresión. Se la receta más a menudo que cualquier otro antidepresivo, incluyendo Prozac. La Hierba de San Juan tiene efectos colaterales mínimos y ninguna interacción seria con otras drogas.

Como el Prozac, la Hierba de San Juan inhibe la readmisión de serotonina. La Hierba de San Juan también le ayuda a dormir mejor. La marca de Hierba de San Juan que usted compre debe tener un 0,3 por ciento de contenido de hipericina. La dosis normal es de 300 miligramos tres veces al día. No tome la Hierba de San Juan junto con ningún otro antidepresivo.

La *L-tirosina* es otro aminoácido que a la larga se convierte en dopamina, norepinefrina y epinefrina, que son neurotransmisores. La dosis de L-tirosina es de 500 a 1500 miligramos al día.

La *D,L-fenilalanina* es otro aminoácido que se convierte en tirosina y conduce a la producción de neurotransmisores. Tanto la tirosina y la fenilalanina tienen propiedades que elevan el ánimo, y pueden ser benéficas junto con el HTP-5. La dosis de *D,L-fenilalanina* es de dos cápsulas de 500 miligramos en la mañana, con el estómago vacío, y una cápsula de 500 miligramos a la tarde con el estómago vacío.

Ginkgo biloba es una hierba que se ha usadop por muchos años para tratar la pérdida de la memoria y la insuficiencia cerebro vascular, que consiste sencillamente en un reducido flujo de sangre al cerebro. Ginkgo es también un asombroso antidepresivo. Un cerebro que envejece tendrá un número decreciente de sitios receptores de serotonina. Así, los envejecientes son proclives a desarrollar depresión y disturbios en cuanto a dormir. Ginkgo biloba, sin embargo, previene o aminora la pérdida de sitios receptores de serotonina. También ginkgo biloba es muy se-

gura; no hay interacción entre ginkgo y otros antidepresivos. La dosis normal de ginkgo biloba es
de 100 miligramos tres veces al día.

HTP-5

En la década de los noventa se descubrió que el
HTP-5 (hidroxi triptofán) era otro aminoácido
relacionado estrechamente con el triptofán. No
obstante, es un paso más cercano a la formación
de serotonina. También se halló que el HTP-5 es
superior al triptofán y muy seguro. Este aminoácido se deriva de la semilla de la planta griffonia
simplcifolia, de África. Su procesamiento no incluye fermentación alguna, y la semilla es una
fuente natural.

¿Qué es el HTP-5?

Brevemente, el HTP-5 es un primo químico del triptofán, aminoácido esencial que se halla en la proteína. El
triptofán es un precursor, un bloque de constucción,
del HTP-5, que a su vez al final es convertido en serotonina. Alimentos proteínicos tales como la leche y galli-

na son fuentes ricas de triptofán. Cuando el triptofán no está llegando al cerebro puede resultar la depresión, sensibilidad aumentada al dolor, e insomnio.1

REALIDADES REALIDADES REALIDADES REALIDADES REALIDADES REALIDADES REALIDADES

No es necesario tomar dosis altas de HTP-5 como triptofán puesto que más del mismo llega al cerebro. También, el HTP-5 puede elevar los niveles de todos los neurotransmisores monoamínicos, que incluyen la norepinefrina, epinefrina, dopamina, melatonina y serotonina.

La serotonina, sin embargo, es absolutamente vital para el funcionamiento óptimo del cerebro. La serotonina también nos ayuda a sentirnos en calma y tranquilos, y nos ayuda también a estar alerta, enérgicos, contentos y bien descansados. La dosis normal de HTP-5 es de 50 miligramos tres veces al día, con las comidas.

> *Bendito sea el Dios y Padre de nuestro Señor Jesucristo, Padre de misericordias y Dios de toda consolación, el cual nos consuela en todas nuestras tribulaciones, para que podamos también nosotros consolar a los que están en cualquier tribulación, por medio de la consolación con que nosotros somos consolados por Dios.*
> 1 CORINTIOS 1.3-4

Sin embargo, después de un par de semanas se puede aumentar la dosis a 100 miligramos tres veces al día con las comidas. Usted no debe tomar HTP-5 con otros antidepresivos, tales como Prozac, Zoloft y Paxil.

Kava es una hierba que se ha usado por siglos en las islas del Pacífico, tales en la Polinesia. Se ha usado kava para tratar la ansiedad, pero también se ha hallado que es muy eficaz para tratar la ansiedad mezclada con depresión. No es raro que los pacientes deprimidos sufran a la vez de ansiedad y depresión al mismo tiempo. En algunos países europeos, incluyendo la Gran Bretaña, se ha aprobado la kava para el tratamiento de la ansiedad y depresión. La kava no es adictiva y no reduce el funcionamiento mental como lo hacen otras drogas antidepresivas, incluyendo el xanax y valium

La kava normalmente se toma en dosis aproximadamente de 45 a 90 miligramos de kavalactones tres veces al día

La pasionaria es una hierba que se ha usado por siglos como sedativo. También se la usa en Alemania comúnmente para la intranquilidad. La dosis normal es de 100 a 300 miligramos de un extracto normal de 2,6 por ciento, a la hora de acostarse.

La depresión y la tiroides

Una baja función tiroidal también puede conducir a la depresión, así como niveles bajos de estrógenos y progresterona en las mujeres.

Esto se ve comúnmente cuando las mujeres atraviesan la menopausia. Muchas mujeres sufren síntomas de depresión que se alivian totalmente cuando empiezan su terapia de reemplazo de estrógeno y progresterona. Yo prefiero que mis pacientes usen hormonas naturales de estrógeno y progresterona.

> *No temas, porque yo estoy contigo; no desmayes, porque yo soy tu Dios que te esfuerzo; siempre te ayudaré, siempre te sustentaré con la diestra de mi justicia.*
> ISAÍAS 41.10

Las toxinas conducen a la depresión

Nuestro mundo es muy tóxico. Diariamente estamos expuestos a toxinas en nuestra comida, agua y aire. Diariamente ingerimos metales pesados, tales como el plomo, cadmio, mercurio, arsénico y aluminio, en nuestros alimentos, agua e incluso en el aire que respiramos. Solventes tales como el alcohol isopropilo, benceno, formalehido y lim-

piadores son absorbidos por nuestra piel y almacenados en nuestros tejidos grasos. También nos
vemos expuestos diariamente a pesticidas y herbi-
cidas en los vegetales y alimentos grasos que co-
memos diariamente. Los pesticidas también que-
dan almacenados en nuestro tejido graso.

Diariamente nuestros cuerpos están acumu-
lando una carga más pesada y tóxica debido a
nuestra constante exposición a estas toxinas.
Estas toxinas se acumulan en nuestros tejidos gra-
dos, nuestro tejido nervioso, huesos y órganos.
Crean una carga de toxinas tal que a la larga produce fatiga y depresión. (Usted puede aprender
más sobre la detoxificación en el libro The Bible
Cure for Cancer [Cura bíblica para el cáncer] .)

Efectos de la cafeína y el azúcar

La cafeína y el consumo excesivo de azúcar también han sido ligados con la depresión. La mayoría de estadounidenses beben bebidas carbonata-
das de alto contenido de azúcar y cafeína.
También tomamos mucho café y té, y por lo general le añadimos azúcar a estas bebidas. La ingestión excesiva de cafeína y azúcar puede llevar a la
larga a la pérdida de vitaminas B, aumento de la

hormona de estrés cortisol y disturbios en el sueño.

Estas deficiencias de nutrientes, junto con un exceso de cortisol y falta de sueño adecuado, puede a la larga llevar a la depresión.

Al superar con gozo la depresión, use las vitaminas y suplementos creados por Dios

> *Os daré corazón nuevo, y pondré espíritu nuevo dentro de vosotros; y quitaré de vuestra carne el corazón de piedra, y os daré un corazón de carne.*
> EZEQUIEL 36.26

para ayudarle al cuerpo a despojarse de cualquier espíritu de tristeza. Antes de tomar vitaminas y suplementos, ore por ellos. Al hacerlo así la bendición y unción divina puede dar poder sobrenatural a lo que es natural, para que sea más eficaz para fortalecerle físicamente.

UNA ORACIÓN DE CURA BÍBLICA PARA USTED

Dios Todopoderoso: Tú has creado estas vitaminas las y substancias de estos suplementos. Antes de tomarlos oro que tu Espíritu les imparta potencia para que me ayuden físicamente. Lleva rápidamente cada substancia esencial a la célula precisa que la necesita. Llena mi cuerpo, alma y espíritu con el gozo tuyo, que ninguna circunstancias puede quitar. Amén.

Superando la depresión
con vitaminas y suplementos

Encierre en un círculo las vitaminas, minerales y suplementos que usted toma regularmente, y subraye los que planea tomar:

HTP-5	Vitamina C	Vitamina E
Hierba de San Juan	Extracto de eemilla de uva	Extracto de cáscara de pino
Selenio	Betacaroteno	Vitamina A
Coenzima Q10	Ácido lipoico	Ginkgo biloba
Pasionaria	Kava	L-tirosina
	D,L-fenilalanina	

¿Limitará su ingestión de cafeína?

☐ Sí　　☐ No

Describa cómo:

_____

_____

_____

¿Limitará su ingestión diaria de azúcar?
☐ Sí　　☐ No

Capítulo 5

Vida llena de alegría con ejercicio y descanso

El ejercicio es el mejor antidepresivo natural absoluto. Los estudios han demostrado que el ejercicio y los deportes reducen tanto la depresión como la ansiedad. Una de las principales razones por las que los individuos activos se sienten mejor es que el ejercicio libera endorfinas en el cuerpo y en el cerebro. Las endorfinas son compuestos parecidos a la morfina, que elevan el ánimo de los individuos.[1]

Algunos individuos se deprimen tanto que no tienen energía para hacer ejercicio. En estos casos recomiendo que empiecen de inmediato a tomar HTP-5, la Hierba de San Juan, o SAM-e.

> *El da esfuerzo al cansado, y multiplica las fuerzas al que no tiene ningunas.*
> ISAÍAS 40.29

Recomiendo que todos mis pacientes hagan ejercicio por lo menos tres o cuatro veces a la semana, por lo menos por veinte minutos cada vez, aeróbicamente. Esto incluye caminar a paso vivo, nadar, montar en bicicleta, subir escaleras, areóbicos o la máquina deslizadora Precor. Personalmente prefiero la máquina deslizadora Precor puesto que no exige demasiado de las articulaciones.

> *Por lo cual estoy seguro de que ni la muerte, ni la vida, ni ángeles, ni principados, ni potestades, ni lo presente, ni lo por venir, ni lo alto, ni lo profundo, ni ninguna otra cosa creada nos podrá separar del amor de Dios, que es en Cristo Jesús Señor nuestro.*
> ROMANOS 8.38-39

También recomiendo que compre un monitor de latidos del corazón para que pueda hacer ejercicios dentro de su propia zona de latidos del corazón. Si está haciendo ejercicios areóbicos, compre un buen monitor de latidos del corazón en un almacén de artículos deportivos.

Luego calcule su zona óptima de latidos del corazón. Su zona de latidos del corazón debe ser entre el 60 al 80 por ciento de la cantidad máxima de latidos proyectada.

Proyección de latidos
del corazón para el ejercicio

Para calcular su zona proyectada de latidos del corazón, siga la formula siguiente:

220 menos [su edad] = ____ x ,65 = ____
[Este es el mínimo.]
220 menos [su edad] = ____ x ,80 = ____
[Este es el máximo.]

Por ejemplo, para calcular la zona proyectada de latidos del corazón para un hombre de cuarenta años, reste esa edad (40) de 220 (220-40=180). Multiplique 180 por ,65, que es igual a 117. Luego multiplique 180 por ,80, que es igual a 144. Por lo tanto, la zona óptima de latidos del corazón para un hombre de 40 años debe ser entre 117 y 144 latidos por minuto.

Un monitor de latidos del corazón se coloca alrededor del pecho, y un monitor en la muñeca monitorea los latidos del corazón. El hombre de cuarenta años debe poder mantener sus latidos del corazón entre 117 y 144. Esto oxigenará todos los tejidos del cuerpo y elevará los niveles de endorfinas que previenen o alivian la depresión.

Importancia del sueño

El sueño es de extrema importancia para superar la depresión. El sueño descansado conduce a una función inmune mejorada, mejora el ánimo, da una apariencia más juvenil, mejora la energía, las funciones mentales y la memoria. La falta de sueño lleva a una reducción en la función inmune.

La pérdida de sueño puede ser una de las razones por la que estamos viendo una epidemia de cáncer. Un 40 por ciento de la población sufrirá de cáncer en algún momento en sus vidas. Durante las horas de sueño es cuando nuestro cuerpo repara sus tejidos dañados. Si nuestro cuerpo no tiene el tiempo para reparar estos tejidos dañados o gastados, el resultado final con frecuencia es la enfermedad.

> *Cuando pases por las aguas, yo estaré contigo; y si por los ríos, no te anegarán. Cuando pases por el fuego, no te quemarás, ni la llama arderá en ti.*
> Isaías 43.2

Los adultos necesitan entre siete y ocho horas de sueño cada noche, siendo esto cierto incluso para los ancianos. Los ancianos pueden tener problemas para dormir bien por la noche porque no tienen los mismos niveles de serotonina que los jóvenes. Aproximadamente una de cada tres personas sufre de insomnio regularmente.

El *insomnio* es sencillamente no poder dormirse y quedarse dormido toda la noche. Puesto que el insomnio frecuentemente lleva a la depresión, es de vital importancia corregir este desorden. El primer paso para corregir el insomnio es mantener una dieta libre de cafeína, chocolate y otros estimulantes. La cafeína inhibe los efectos de la serotonina y melatonina en el cerebro y también activa los nervios y los músculos, haciendo que el corazón lata más rápidamente.

> *No temas, porque yo estoy contigo; no desmayes, porque yo soy tu Dios que te esfuerzo; siempre te ayudaré, siempre te sustentaré con la diestra de mi justicia.*
> ISAÍAS 41.10

El alcohol es otro químico tóxico que previene que un individuo tenga un buen sueño por la noche. Además, evite hacer ejercicio demasiado tarde en la noche o cerca de la hora de irse a la cama, puesto que eso le estimulará en lugar de relajar su cuerpo. Nunca vea películas de acción antes de la hora de irse a la cama, puesto que ellas también pueden aumentar el flujo de adrenalina. Antes de irse a la cama pruebe lo siguiente:

- Practique técnicas de relajamiento tales como la relajación progresiva al irse a la cama. Relájese al acostarse en la cama. Empiece flexionando los dedos de los pies por uno o dos segundos, y luego relajándolos. Luego sistemáticamente flexione y relaje los músculos hasta llegar a la cabeza.
- Coma una comida pequeña antes de irse a la cama si es proclive a sufrir de bajo nivel de azúcar. Disfrute de un tentempié ligero consistente en 40 por ciento de carbohidratos, 30 por ciento de proteína y 30 por ciento de grasa.
- Vacíe su vegija antes de irse a la cama para no despertarse a media noche y después hallar difícil volver a conciliar el sueño.
- Si ha tratado todos estos pasos básicos indicados arriba y todavía encuentra difícil conciliar el sueño, tome de 100 a 300 miligramos de HTP-5 aproximadamente media hora antes de retirarse a dormir. También puede tomar valeriana y pasionaria en una dosis de 300 miligramos aproximadamente una hora antes de irse a dormir. Tam-

bién puede tratar de 1 a 3 miligramos de melatonina de treinta minutos a una hora antes de retirarse a la cama. También, use la oración y la lectura de la Biblia como la manera divina para calmar su espíritu e instilarle su paz.

En este capítulo hemos enfocado la importancia del ejercicio físico y descanso adecuado. Sin embargo, la cura bíblica afirma los beneficios del *ejercicio tanto físico como espiritual* para nuestra salud continua. La Biblia dice: «Porque el ejercicio corporal para poco es provechoso, pero la piedad para todo aprovecha, pues tiene promesa de esta vida presente, y de la venidera. Palabra fiel es esta, y digna de ser recibida por todos» (1 Tim 4.8-9). Al ejercer su fe, confiar en que Dios le quitará el dolor, le fortalecerá y sanará su cuerpo, usted orará con intrepidez por su curación.

Le he explicado los beneficios físicos del ejercicio para superar la depresión; ahora permítame

> *Humillaos, pues, bajo la poderosa mano de Dios, para que él os exalte cuando fuere tiempo; echando toda vuestra ansiedad sobre él, porque él tiene cuidado de vosotros.*
> 1 PEDRO 5.6-7

indicarle los beneficios espirituales de ejercer su fe y orar con intrepidez por su sanidad. La palabra de Dios nos anima a acercarnos «pues, confiadamente al trono de la gracia, para alcanzar misericordia y hallar gracia para el oportuno socorro» (Heb 4.16).

Usted puede acercarse confiadamente al trono de Dios en oración, ¿Cómo?

- Creer con fe, confiar en Dios el Sanador respecto a su sanidad.
- Confiar en las promesas de que él le sana. Por ejemplo: «[Dios] Envió su palabra, y los sanó, Y los libró de su ruina» (Sal 107.20).
- Orar con intrepidez por su sanidad, sabiendo que en su misericordia y gracia, la voluntad de Dios es que usted ande en salud divina.
- Pedirle a Dios que le de descanso y paz. Jesús dijo: «Venid a mí todos los que estáis trabajados y cargados, y yo os haré descansar. Llevad mi yugo sobre vosotros, y aprended de mí, que soy manso y humilde de corazón; y hallaréis descanso para vuestras almas» (Mt 11.28-29).

UNA ORACIÓN DE CURA BÍBLICA PARA USTED

Dios Todopoderoso: en el nombre de Cristo y mediante su sangre derramada, me acerco confiadamente al trono de tu gracia y busco tu poder y toque sanador. Sé que por las heridas de Cristo he sido sanado. Me apropio de tu promesa de que has perdonado todos mis pecados y me has sanado de todas mis enfermedades. Así que, con intrepidez me pongo en tus promesas de sanidad, y te alabo por ayudarme a superar con gozo la depresión. En el nombre de Jesús, Amén.

Para superar la depresión

Usted:

❑ rara vez hace ejercicio

❑ hace ejercicio ocasionalmente

❑ hace ejercicio regularmente

Si no hace ejercicio regularmente, ¿cuándo va a empezar? ¿Qué programa de ejercicio va a seguir?

_____

_____

¿Cuántas horas duerme cada noche? ¿Cuántas debería dormir? Si no está durmiendo lo suficiente, ¿qué va a hacer al respecto?

_____

_____

Marque los pasos que necesita empezar a dar antes de conciliar el sueño por la noche:

❑ Practicar técnicas de relajamiento

❑ Comer un tentempié ligero antes de irse a la cama

❑ Tomar HTP-5 si es necesario

Capítulo 6

Vida llena de alegría con la palabra de Dios

En mi calidad de médico, me he preparado para examinar con todo cuidado a mis pacientes, y recetar cualquier medicina o cambio de estilo de vida que pudiera ser necesario. He hallado que *la receta más poderosa para la vida saludable* no se halla en un recipiente ni en el mostrador del farmacéutico. Tiene una fuente exclusiva y está libremente a la disposición de cualquiera. Estoy hablando de la palabra de Dios, por supuesto. El gozo y la paz pueden venir incluso a las mentes más atribuladas cuando la gente descubre nuevas maneras de mirar a la vida basadas en la verdad de la maravillosa palabra de Dios.

Muchas personas deprimidas tienen una actitud muy pesimista, y están constantemente castigándose con sus pensamientos palabras y actitudes. Las personas deprimidas por lo general se hallan en un círculo vicioso de pensamientos negativos, del que no pueden salirse por sí mismos. Por eso creo que es absolutamente esencial que las personas que luchan contra la depresión empiecen a re-ordenar con la palabra de Dios sus pensamientos negativos. Estas «charlas bíblicas con uno mismo» son extremadamente importantes para superar la depresión.

¿Cómo empiezo? Empiece leyendo la Biblia en voz alta por lo menos tres veces al día, antes de sus comidas y al irse a la cama. Cuando quiera que un pensamiento negativo le viene a la mente, repita en voz alta un pasaje bíblico para romper el hábito de pensar negativamente.

En todo este libro he insertado pasajes bíblicos selectos como versículos de cura bíblica para que usted supera la depresión. Antes de conciliar el sueño por la noche repita y eleve en oración estas porciones bíblicas. Hágalo de nuevo al despertarse.

> *Ciertamente volverán los redimidos de Jehová; volverán a Sion cantando, y gozo perpetuo habrá sobre sus cabezas; tendrán gozo y alegría, y el dolor y el gemido huirán.*
>
> Isaías 51.11

Una persona que conozco escribió estas porciones bíblicas en tarjetas de archivador y las lleva en el bolsillo. Cada día saca las tarjetas de pasajes bíblicos y las lee en voz alta para llenar su mente con esperanza y gozo. Usted puede vencer la depresión con la palabra de Dios, y dar los varios pasos sugeridos en todo este libro. No se eche para atrás. No se dé por vencido. La esperanza y gozo divinos están a su disposició para llenarlo y derrotar todo espíritu de aflicción en su vida. Eleve esta oración de cura bíblica para superar la depresión:

UNA ORACIÓN DE CURA BÍBLICA
PARA USTED

Padre celestial: Sé que me amas y te interesas por mí. Te pido que quites de mi vida todo espíritu de opresión. Por favor, revísteme con el manto de alabanza y gozo.

Señor: Ayúdame a saber qué vitaminas, suplementos y hierbas debo tomar y que le ayudarán a mi cuerpo a luchar contra la depresión. Dame descanso y fuerza conforme busco tu voluntad en mi vida. Dios y

Padre: quita de mi vida el peso de la aflic-
ción, depresión y tristeza. Ayúdame a re-
cordar tu palabra en busca de sabiduría y
dirección par superar todo aspecto de de-
presión en mi vida. Señor Jesús: Tú dijiste
que tu propósito era darnos vida en toda
plenitud. Te agradezco de antemano por
darme esa plenitud en mi vida. En tu nom-
bre te pido esto con acción de gracias y ala-
banza. Amén.

Hable palabras alentadoras y animadoras

Tal vez usted no quiera admitirlo, pero probablemente de cuando en cuando habla consigo mismo. No se preocupe; es muy normal. Es más, las conversaciones más importantes que te-

Amados, no os sorprendáis del fuego de prueba que os ha sobrevenido, como si alguna cosa extraña os aconteciese, sino gozaos por cuanto sois participantes de los padecimientos de Cristo, para que también en la revelación de su gloria os gocéis con gran alegría.
1 PEDRO 4.12-13

nemos son las que tenemos con nosotros mismos. Desafortunadamente, las personas deprimidas tienden a tener consigo mismos las conversaciones más negativas. Esto empeora las cosas porque quiere decir que sus mentes están constantemente recibiendo un aluvión de pensamientos negativos acosadores que los vapulean y hunden cada día más.

He visto en los juegos de la Liga Pequeña de béisbol a padres que constantemente critican a sus hijos, llamándolos tontos, majaderos, mequetrefes;

El Espíritu de Jehová el Señor está sobre mí, porque me ungió Jehová; me ha enviado a predicar buenas nuevas a los abatidos, a vendar a los quebrantados de corazón, a publicar libertad a los cautivos, y a los presos apertura de la cárcel; a proclamar el año de la buena voluntad de Jehová, y el día de venganza del Dios nuestro; a consolar a todos los enlutados; a ordenar que a los afligidos de Sion se les dé gloria en lugar de ceniza, óleo de gozo en lugar de luto, manto de alegría en lugar del espíritu angustiado; y serán llamados árboles de justicia, plantío de Jehová, para gloria suya.
ISAÍAS 61.1-3

diciendo que no pueden hacer nada bien. He visto a los pobres niños parados en el jardín externo, o cabizbajos en la banca, con una expresión alicaída, derrotada, deprimida en sus caritas. Desafortunadamente, algunos de estos niños a quienes se les ha dicho que son perdedores, que son tontos, majaderos, y que no pueden hacer nada bien, crecerán creyendo esas palabras. Se deprimirán, y serán personas sin motivación y sin éxito.

Si una pesona se alimenta de pensamientos negativos todo el día, enfrentará con una actitud derrotista toda tarea o toda prueba que se le presente incluso antes de acometerla. Sin embargo, tenemos la capacidad, mediante la palabra de Dios, de hablar la palabra de Dios todo el día, y reordenar esos pensamientos negativos convirtiéndolos en pensamientos positivos, lo que cual entonces traerán sanidad y salud al cuerpo y a la mente.

> *Id, comed grosuras, y bebed vino dulce, y enviad porciones a los que no tienen nada preparado; porque día santo es a nuestro Señor; no os entristezcáis, porque el gozo de Jehová es vuestra fuerza.*
> NEHEMÍAS 8.10

Cómo pensar pensamientos gozosos

Es de vital importancia que el paciente deprimido adiestre su mente para pensar pensamientos positivos en lugar de atascarse en lo negativo. Cuando un pensamiento negativo asoma en la mente, es importante derribarlo y decir en voz alta la solución, que es la palabra de Dios. Por eso es tan importante repetir la Biblia. Pensamientos bíblicos y positivos conducen a actitudes triunfadoras.

Una actitud es una decisión. Una persona puede optar por tener una actitud negativa, o puede escoger tener una actitud positiva. Usted puede escoger estar furioso, amargado, resentido, sin querer perdonar, temeroso o avergonzado. Estas actitudes negativas a la larga afectarán nuestra salud y permitirán que las enfermedades echen raíces en nuestros cuerpos.

Evite el resentimiento y la falta de perdón

El resentimiento y el no querer perdonar van comúnmente asociados con la artritis, en tanto que el temor comúnmente se asocia con el cáncer. La ansiedad por lo común va asociada con las úlceras, y la ira por lo común va asociada con las enfermedades del corazón. Estas son emociones mortales. Si no las sacamos de nosotros mediante la palabra de Dios o con la ayuda de un profesional preparado, pueden a la larga conducir a la enfermedad.

Cuando Pablo y Silas fueron echados en la cárcel, en Hechos 16.23, ellos oraban y cantaban alabanzas. Pablo podía escoger. Podía haber tenido una actitud negativa y ponerse furioso, resentido y amargado. En lugar de eso, escogió regocijarse y cantar alabanzas. Escogió una actitud saludable. Decidió «regocijarse siempre» (1 Ts 5.16).

Cuando un individuo le hace daño, es muy fácil dejarse ganar por la amargura, el resentimiento, la cólera y no perdonar. Sin embargo, esto va contra su cuerpo y en realidad hará que la enfermedad eche raíces. Es mucho mejor para su cuerpo, y también tanto para su salud mental y física, perdonar a la persona y

> *Bendito sea el Dios y Padre de nuestro Señor Jesucristo, Padre de misericordias y Dios de toda consolación, el cual nos consuela en todas nuestras tribulaciones, para que podamos también nosotros consolar a los que están en cualquier tribulación, por medio de la consolación con que nosotros somos consolados por Dios.*
>
> 2 CORINTIOS 1.3-4

echar fuera estas emociones mortales antes de que echen raíces en su mente y en su cuerpo.

La Biblia lo dice claramente: «no se ponga el sol sobre vuestro enojo» (Ef 4.26). Esto, a mi juicio, es una de las claves más importantes para prevenir que estas emociones mortales se arraiguen en nuestras mentes y cuerpos, y a la larga nos maten.

Pablo escribió que decidió olvidar las cosas que estaban detrás suyo, y proseguir hacia adelante, al premio que caracteriza su supremo llama-

> *El sana a los quebrantados de corazón, Y venda sus heridas.*
> SALMO 147.3

miento en Cristo Jesús. (Vea Filipenses 3.14). Escoja la actitud correcta tan pronto como se despierta por la mañana. Cuando alguien le hace daño, perdone de inmediato a la persona. No se concentre en el daño.

Nuestros pensamientos nos llevan a las palabras que decimos, y nuestras palabras nos llevan a nuestras actitudes. Es de vital importancia que guardemos nuestros pensamientos y que citemos la palabra de Dios en voz alta todo el día a fin de producir actitudes consagradas en nosotros. Este es uno de los puntos más importantes para prevenir la depresión. La nutrición, el ejercicio y el sueño suficiente son de gran importancia. Sin embargo, nuestros pensamientos, palabras y actitudes determinarán si triunfaremos o fracasaremos; ellos determinan también en donde pasaremos la eternidad.

Sus porciones bíblicas favoritas

Escriba tres de sus porciones bíblicas favoritas para luchar contra la depresión:

_____

_____

_____

_____

_____

_____

_____

Trace un círculo alrededor de la alternativa en que se encuentra usted, y una marca sobre la línea en donde necesita estar:

_____

Piensa negativamente　　　　　Piensa positivamente

_____

Resentido　　　　　　　　　　　　Perdonador

Notas

CAPÍTULO 1

GOZO EN LUGAR DE TRISTEZA

1. J. R. Davidson, et. al. «The Underrecognition and undertreatment of depression: what is the breadth and depth of the problem?» [«Subreconocimiento y subtratamiento de la depresión: ¿cuál es la amplitud y profundidad del problema?»] *J. Clin Psychiatry* [Psiquiatría J. Clin] (1999); 60 Suppl 7:4-9; comentarios 10-1. Revisión. PMID:10326869; UI: 99256801.

2. Adaptado de materiales preparados por el Programa de reconocimiento, conciencia y tratamiento de la depresión (D/ART), del Instituto Nacional de Salud Mental, Rockville, Maryland.

3. Adaptado de «Social Readjustment Rating Scale» [«Escala de categorías de reajuste social»] por Thomas Holmes y Richard Rahe. Esta escala fue publicada por primera vez en el *Journal of Psychosomatic Research* [Revista de investigación psicosomática], copyright 1967, Vol. II, 214.

4. Adaptado de Carols Watkins, Dr. en Med., «Depressión in Children and Adolescents» [«La depresión en niños y adolescentes»], Obtenido en una fuente en la Internet. Northen County Psychiatric Associates, Lutherville y Monkton, Condado Baltimore, Maryland, Sitio Web www.ncpamd.com.

5. M. E. P. Seligmann y J. B Overmier. «Effects of Inescapable Shock Upon Subsequent Escape and Avoidance Responding» [«Efectos del choque ineludible sobre las respuesta subsecuentes de escape y evasión»], *Journal of Comparative and Physiological Psycho-*

logy [Revista de psicología comparativa y fisiológica] (1967), 63, 28 38.

6. J. Mendlewicz, ed. *Management of Depression with Monoamine Precursors* [Control de la depresión con precursores monoaminos] S. Karger Publishing, n.l., 1983. Obtenido de fuente de la Internet.

Capítulo 2

Paz en lugar de ansiedad

1. Mathew Naythons, Dr. en Med., y el personal de Net-Health, que publican en la Internet *Health Fitness, and Medicine Yellow Pages* [Páginas amarillas de condicionamiento de salud y medicina] (Osborne McGraw Hill). NetHealth es una división de Epicenter Communications, Inc., de Sausalito, California. Fuente obtenida de la Internet.

2. Dr. Melvin Webach, *Nutritional Influences on Mental Illness* [Influencias nutricionales en la enfermedad mental] Keats Publishing, 2ª ed., 1996. Fuente obtenida en la Internet.

Capítulo 3

Vida llena de alegría con nutrición y dieta apropiadas

1. Alianza Nacional en pro de Enfermos Mentales, «Impaired Serotonin Activity Can Be Seen in People With Depression» [«Actividad reducida de serotonina se puede ver en personas deprimidas»], informando sobre un estudio en la *American Journal of Psychiatry* [Revista estadounidense de psiquiatría], febrero de 1999.

Capítulo 4

VIDA LLENA DE ALEGRÍA CON VITAMINAS Y MINERALES

1. Dean Wolfe Manders, Dr. en Fil., «The FDA Ban of L-Tryptophan: Politics, Profits and Prozac» [Prohibición de la ADA del L-triptofán: Política, ganancias y prozac»], *Social Policy* [Política social], Vol. 26, Nº 2, invierno (1995).

Capítulo 5

VIDA LLENA DE ALEGRÍA CON EJERCICIO Y DESCANSO

1. Robert A. Roberts y Scott O. Roberts, *Exercise Physiology: Exercise, Performance and Clinical Applications* [Fisiología del ejercicio: El ejercicio, desempeño y aplicaciones clínicas], McGraw-Hill, n.l., 1996 (Fuente de la Internet).

Don Colbert, Dr. en Med., nació en Tupelo, Mississippi. Asistió a la Escuela de Medicina Oral Roberts en Tulsa, Oklahoma, en donde recibió el título el Bachillerato en ciencia, en biología, además de su título en medicina. El Dr. Colbert realizó su internado y residencia en el Hospital Florida en Orlando, Florida.

Si le gustaría recibir más información sobre la sanidad natural y divina, o información sobre Divine Health Nutritional Products® , [Productos nutritivos de salud divina], puede ponerse en contacto con el Dr. Colbert, en:
Dr. Don Colbert
1908 Boothe Circle
Longwood, FL 32750
Teléfono: 407-331-7007
El sitio del Dr. Colbert en la Red es
www.drcolbert.com.

CURA BÍBLICA

NOTAS

_____
_____
_____
_____
_____
_____
_____
_____
_____
_____
_____
_____
_____
_____
_____
_____

CURA BÍBLICA

NOTAS

_____

_____

_____

_____

_____

_____

_____

_____

_____

_____

_____

_____

_____

_____

CURA BÍBLICA

_____

_____

_____

_____

_____

_____

_____

_____

_____

_____

_____

_____

_____

_____

CURA BÍBLICA

_____

_____

_____

_____

_____

_____

_____

_____

_____

_____

_____

_____

_____

_____

CURA BÍBLICA

NOTAS

_____
_____
_____
_____
_____
_____
_____
_____
_____
_____
_____
_____
_____
_____

CURA BÍBLICA

NOTAS

_____
_____
_____
_____
_____
_____
_____
_____
_____
_____
_____
_____
_____
_____

CURA BÍBLICA

NOTAS

_____

_____

_____

_____

_____

_____

_____

_____

_____

_____

_____

_____

_____

_____

CURA BÍBLICA

NOTAS

never say never
why I don't know
why, because it is
not nice to say
never

CURA BÍBLICA

NOTAS

CURA BÍBLICA

CURA BÍBLICA

NOTAS

_____

_____

_____

_____

_____

_____

_____

_____

_____

_____

_____

_____

_____

_____

_____

_____